LE

DAUPHIN HUMBERT II

ET LA

VILLE DE ROMANS

PAR

M. le Docteur Ulysse CHEVALIER.

VALENCE

IMPRIMERIE DE JULES CÉAS ET FILS

—

1883

LE
DAUPHIN HUMBERT II & LA VILLE DE ROMANS

VALENCE. — IMP. J. CÉAS ET FILS

LE
DAUPHIN HUMBERT II

ET LA

VILLE DE ROMANS

PAR

M. le Docteur Ulysse CHEVALIER.

VALENCE

IMPRIMERIE DE JULES CÉAS ET FILS

1883

LE DAUPHIN HUMBERT II

ET LA

Ville de Romans.

Sous le dauphin Humbert II, le Dauphiné atteignit son apogée d'extension, de puissance et de prospérité. Ce fut aussi pour la ville de Romans une époque bien mémorable : celle pendant laquelle elle joua un certain rôle politique, fut réunie au Dauphiné, ensuite à la France, et perdit son autonomie et son indépendance.

A ces motifs intéressants doivent être attribués les nombreux écrits spécialement consacrés à cette partie de l'histoire de ce pays. Voici, par ordre alphabétique, l'énumération des ouvrages dont le dauphin Humbert II et la ville de Romans ont été l'objet principal ou accessoire.

I. — ALLARD GUY. *Hist. d'Humbert II, dauphin de Viennois*. Verdier, petit in-12 de 110 pp. 1688.

II. — BALUZE. *Vitæ pap. Avenien.* 1693. 1 — 290.

III. — BARGINET. *Humbert II et les Dauphins français*. Poëme. Grenoble, in-8°, 1817.

IV. — BARJAVEL. *Biographie de Vaucluse*. 1841. 1 — 74.

V. — BERRIAT ST-PRIX. Dans le *Magas. Encyclop.* 1801. XLII — 297.

VI. — Chapuis-Montlaville. *Hist. du Dauphiné.* 1827.

VII. — Coste Hilarion. *Les éloges de nos roys et des enfans de France qui ont esté daufins de Viennois.* Paris. in-4° 1648.

VIII. — Dochier J.-Bapt. *Mémoire sur la ville de Romans.* in-8°. 1812. Valence, Marc-Aurel.

IX. — Fabricius. *B. M. Cl.* 1735. III — 898.

X. — Gacogne, Alph. Dans la *Revue du Lyonnais.* 1858. — 29.

XI. — Giraud, P.-E. *Essai hist. sur le Chapitre de St-Barnard et sur la ville de Romans.* Lyon. Louis Perrin. 1865. T. II.

XII. — Guiffrey. *Hist. de la réunion du Dauphiné à la France.* Paris, 1868, et compte-rendu de cet ouvrage dans la *Revue critique*, par V. G^r. n° du 28 novembre.

XIII. — Gaya. *Hist. générale du Dauphiné de Viennois.* Paris, in-12. 1683.

XIV. — Lelong. *Bibliothèque française.* 1771. III. — 37947.

XV. — Lequien de la Neuville. *Hist. des Dauphins de Viennois, d'Auvergne et de France.* Paris, 1760. — 2 vol. in-12.

XVI. — Pilati Humbert. *Memorabilia.*

XVII. — Quetif Echard. *Script. Prœdic.* 1719. I — 641.

XVIII. — Rochas. *Biographie du Dauphiné.* — t. II, p. 289 et suiv.

XIX. — Struve. *Bibliothèque historique.* X. I. — 32.

XX. — Taulier. *Hist. de Dauphiné.* in-8°. Grenoble. 1855.

XXI. — Texte. Dans le *Journal de Verdun*. 1745. oct. — 251.

XXII. — Thomassin. *Registre delphinal*, ms. Bibliot. de Grenoble, et *Designatio dignitatum... a domino Delphin. Vienn.*

XXIII. — Touron. *Hom. illust. Dominic.* 1745. II — 395.

XXIV. — *Transact. d'Imbert dauphin, avec les communes de la principauté de Briançon...* 1646.

XXV. — Tricaud. *Hist. des Dauphins françois.* in-12. Paris. 1713.

XXVI. — Valbonnais. *Mém. pour servir à l'hist. du Dauphiné*, in-f° Paris. 1711. — *Généalogie de la maison de la Tour-du-Pin, justifiée par titres*. Paris. in-f°. 1717. — *Hist. de Dauphiné et des princes qui ont porté le nom de Dauphin...* in-f°. Genève, 1722. — *Hist. abrégée de la donation du Dauphiné*, trouvée dans les papiers de l'abbé de Longuerue. in-12. Genève. 1769. — *Lettre* écrite à M. l'abbé de Vertot par M. de Valbonnais, insérée dans la continuation des *Mém. de littérature de P. Desmolets*. T. VI, p. 149.

Une erreur, trop fréquente et générale pour ne pas être inconsciente, est celle que commettent bien des historiens et des biographes, en confondant les mœurs et les idées des temps anciens avec celles de leur époque, et en jugeant la foi profonde du moyen âge d'après le scepticisme léger de notre siècle : Enfin, pour ceux qui trouvent tout mauvais avant 1789, hommes et choses, rétablir des textes supprimés ou mutilés est une trahison, réhabiliter un personnage défiguré est un paradoxe.

La postérité, qui devrait être impartiale, trouve des préjugés établis et des partis-pris difficiles à modifier, parce que, comme le remarque Montesquieu : « Il y a des choses que tout le monde dit, parcequ'elles ont été dites une fois. » Aux appréciations passionnées sur le caractère du dauphin Humbert II de l'abbé de Vertot, (1) répétées et même amplifiées par quelques auteurs contemporains, nous préférons le jugement motivé de l'impartial et savant Valbonnais, à qui l'érudition et le grand âge donnaient une force d'intuition pour juger sainement les personnes et les choses anciennes. Cet historien avait entre les mains les titres et les documents authentiques qui réduisent à sa juste valeur cette fantaisiste déclamation qui fait de Humbert II un pacha de comédie, un *schaabaham* dauphinois.

Malgré une imagination vive et inquiète, apanage ordinaire des personnes destinées, par une sorte de rançon, à une mort prématurée, Humbert II, sans être à l'abri de tout reproche, fut un prince remarquable pour son époque. Il a été, chose rare en tout temps, aimé et regretté de ses sujets, bien conseillé et bien servi. Il sut dans les affaires montrer de l'adresse et de la patience, de la loyauté et de la résolution. Il réussit généralement dans ses entreprises. Il se rendit maître des villes de Vienne et de Romans, malgré l'excommunication de l'archevêque (2) et celle du pape,

---

(1) Dans son *Histoire des Chevaliers de St-Jean de Jérusalem*, l'abbé de Vertot, que la lettre si judicieuse de Valbonnais n'éclaira pas (son siège était fait), a été bien jugé par M. Villemain, qui a dit de lui que de son temps « c'était une tradition et une habitude non seulement de taire et d'altérer cer- » tains faits... mais de falsifier la couleur générale des événements et des cho- » ses par respect pour les temps présents. » Il n'y a pas de pire historien, a dit M. Léon Gautier, que celui qui ramène tout à l'époque où il vit.

(2) Bertrand de la Chapelle, 80e archevêque de Vienne, abbé de St-Barnard de Romans du 19 décembre 1327 à 1352. — Il fut incarcéré dans le château de Clérieu par le seigneur de St-Vallier.

et conquit le bourg de Miribel (1) malgré le comte de Savoie. On s'est moqué de la croisade dont il fut le chef : c'est cependant la seule expédition d'outre-mer qui, après un succès honorable pour les armes chrétiennes, se soit terminée sans désastre. On lui a reproché sa vanité, une religion timorée et sa prodigalité en faveur des couvents. Mais alors la religion était la règle de la conscience humaine, la base de l'ordre social et le mot de *chrétienté* était synonyme de monde civilisé. On semble vouloir dire que s'il avait eu des sentiments et des principes différents et eût gouverné conformément aux idées aujourd'hui dominantes, il passerait maintenant pour un prince philosophe, un grand homme en avance de plusieurs siècles sur son époque.

Le dauphin Humbert II affranchit ses peuples du servage, de la main morte et des guerres particulières et même, par un sentiment d'humanité, des joutes et des tournois. Il accorda des chartes de libertés aux communes et des bienfaits aux établissements charitables. Il créa le conseil Delphinal, (2) réorganisa l'université de Grenoble. (3)

---

(1) La terre de Miribel en Bresse appartenait au sire de Beaujeu. Le bourg fut pris d'emblée le 6 avril 1348. La plupart des habitants se réfugièrent dans le château qui capitula quinze jours après. On convint d'une trêve jusqu'à la Toussaint. On a vivement discuté au siècle dernier la question de savoir si le Dauphin était de sa personne présent à ce siège ou s'il y était seulement représenté par ses lieutenants et avait continué à résider à Beauvoir. C'est le refus de rendre cette seigneurie qui causa, comme on le verra, la rupture du projet de mariage du Dauphin et de Blanche de Savoie.

(2) Ce conseil fut d'abord établi à Saint-Marcellin, le 22 février 1337, pour l'administration de la justice, et composé de sept juges, puis transféré à Beauvoir, résidence du Dauphin, enfin à Grenoble, où il fut plus tard constitué par Louis XI en parlement. « La supériorité du Conseil delphinal mit « tout le Dauphiné sous une même loi. » (VALBONNAIS).

(3) Créée en juillet 1339, incorporée en 1462 à celle de Valence, qui datait seulement de 1452. A l'occasion de cette fondation, Chorier (*Hist. de Dau-*

Il introduisit de sages réformes dans la justice en la rendant supérieure à celle des seigneurs, dans l'administration des finances et dans la fabrication des monnaies, et quoique avec des goûts de grandeur qu'il avait contractés dans les cours de Hongrie et de Naples, il mit un ordre parfait dans l'intendance de sa maison. (1)

Après avoir refusé le titre de roi que lui fit offrir l'empereur Louis de Bavière (2) par son ambassadeur (3) et

---

phiné, t. II, p. 288,) fait la réflexion suivante : « Le froid est ennemi des » fonctions de l'esprit. Afin que le bois ne manquât point aux étudiants, il (le » Dauphin) fit détruire tous les martinets et tous les fourneaux servant à la » fonte de l'acier, à trois lieues aux environs de cette ville (de Grenoble) et » défendit absolument d'y en faire de nouveau. Ils sont, dit-il dans sa lettre, » des abîmes de bois, qui les détruit et les extermine. »

Ainsi, par cette sollicitude exagérée, renouvelée en 1346, ce bon prince ruinait une importante industrie afin de permettre à quelques jeunes gens de se chauffer à bon marché, ne se doutant pas que si des étudiants devaient un jour ruiner leur parents, ce ne serait point par de trop grands achats de bois à brûler.

(1) Par son ordonnance du mois d'avril 1340, Humbert II organisa sa maison et celle de la Dauphine, et en divisa le service entre une vingtaine d'offices dont il repartit les attributions par une réglementation très minutieuse, laquelle, paraît-il, n'empêcha pas, sinon le gaspillage, du moins, la profusion ou le manque de modération dans la dépense. Plus tard, il réduisit la dépense de sa maison et de celle de sa femme aux revenus de quinze terres.

(2) Fils de Louis, comte Palatin du Rhin, et de Mathilde d'Autriche, fut élu roi des Romains à Francfort, au mois d'octobre 1314. Il prit la couronne impériale à Aix-la-Chapelle le jour des Rois, en 1315, dans le temps qu'on faisait la même cérémonie à Rome pour son compétiteur Frédéric III. Il fut excommunié par le Pape et ne put se faire absoudre. Il mourut le 11 octobre 1347.

(3) Louis, comte d'Ottenghen, ambassadeur de l'empereur, arriva au château de la Balme le 16 avril 1335 pour donner, au nom de son maître, au Dauphin, en fief de l'empire, le royaume de Vienne, offrant de lui fournir des titres pour la preuve du droit et des forces pour les appuyer. Mais Humbert refusa pour ne pas se brouiller avec le Pape.

qu'ensuite Edouard III, roi d'Angleterre (1) sollicita pour lui. Il céda au puissant roi de France ses Etats (2) qu'il mit ainsi à l'abri d'un morcellement et auxquels il assura plusieurs siècles d'illustration et de prospérité. Son dernier acte politique, avant son abdication, fut un souvenir durable de son affection pour son peuple, c'est-à-dire la promulgation de la charte municipale connue sous le nom de *Statut delphinal*. (3)

La dynastie des Dauphins de Viennois a produit trois races : celles d'Albon, de Bourgogne et de la Tour-du-Pin.

Anne, fille de Guigues VII et de Béatrix de Savoie, succéda, en 1270, au dauphin Jean, son frère, qui l'avait instituée son héritière. Elle épousa, en 1273, Humbert de

---

(1) Né en 1315, mis sur le trône par les intrigues de sa mère en 1327, se qualifia de roi de France, d'Angleterre et d'Irlande. Il remporta les célèbres victoires de Créci en 1346 et de Poitiers en 1357, mais il fut moins heureux sur la fin de ses jours, il mourut en 1377. En sollicitant pour le Dauphin le titre de roi, il avait sans doute pour but, non d'être agréable à un prince avec qui il n'avait aucune relation, mais de créer un rival au roi de France.

(2) Dans son *Histoire de la réunion du Dauphiné à la France* M. Guiffrey dit que « cette réunion fut un vrai contrat de vente puisqu'il y eut acheteur, vendeur, objet vendu et prix, » mais il semble que la donation d'une province comme le Dauphiné était un assez beau cadeau pour valoir une compensation, dont la moindre était le paiement des créanciers du Souverain qui représentait alors l'Etat et une rente viagère pour le démissionnaire. La cession était naturellement faite *cum honoribus et oneribus*, avec les charges, clauses et conditions imposées par le donateur. N'a-t-on pas vu de nos jours des provinces grevées d'une part proportionnelle de la dette des Etats dont elles avaient été détachées.

(3) Le même M. Guiffrey remarque « qu'un droit d'équité très rare, même
» au XIVe siècle, présida à cette tentative de codification : le dernier article
» surtout, ordonne aux nobles d'accorder à leurs hommes et sujets les privi-
» léges et libertés dont ils jouissaient eux-mêmes, sous peine de s'en voir pri-
» vés, paraît mériter d'être cité comme une preuve de la sagesse et de la justice
» qui présidaient à la rédaction de ce recueil. »

la Tour-du-Pin, qui se retira dans la Chartreuse du Val de Sainte-Marie où il décéda en 1306, laissant un fils Jean II, qui épousa Béatrix de Hongrie (1) et mourut au Pont-de-Sorgues le 5 mars 1319; Guigues VIII, âgé de huit ans, lui succéda sous la tutelle de Henri, baron de Montauban. Il fut marié avec Isabelle de France en 1323, et fut blessé mortellement, le 23 juillet 1333, au siège du château de la Perrière. Son frère et successeur, né en 1312, était alors à Naples où il avait épousé, dans le mois de juillet 1332, Marie des Baux, fille de Bertrand et de Béatrix, sœur du roi de Naples et tante de la mère du Dauphin. Le comté d'Andrie, dans le royaume de Naples, fut la dot de Marie, en outre, par lettres du 26 juillet, Robert, roi de Sicile, fils de Béatrix d'Anjou, assigna à Humbert, à sa femme et à leurs descendants, en considération de ce mariage, une rente annuelle de mille onces d'or (85,000 fr.).(2)

---

(1) Béatrix, née en 1285, était fille de Charles Martel, roi de Hongrie, et de Clémence de Habsbourg. Elle avait une sœur puînée, nommée comme sa mère Clémence, qui fut la seconde femme du roi de France, Louis X le Hutin, marié en premières noces à cette Marguerite de Bourgogne, dont les crimes, vrais ou supposés, ont donné naissance à la lugubre légende de la *Tour de Nesle*. Béatrix après la mort de son mari, quitta le monde et devint abbesse du Val de Bressieu. Elle résigna cette dignité et se retira dans l'abbaye des Ayes pour y vivre en simple religieuse. Enfin son fils, le dauphin Humbert, ayant fondé à son intention, le 25 octobre 1349, l'abbaye de St-Just de Claix, elle y entra et y décéda en 1354. Ses restes furent transportés en 1680 à Romans, où ils sont encore dans la chapelle de la communauté du Saint-Sacrement.

(2) Par acte solennel, en date du 26 mars 1342, Humbert II donna à sa femme, Marie des Baux, les châteaux et terres de Champsaur, d'Oisans, de Vizille, de Montbonnot, de Trièves, de Montfort et de Montfleury. Cette princesse possédait en outre les revenus du comté d'Andrie qui étaient de 7,000 florins. Par son testament fait à Rhodes, son mari lui avait de plus donné la moitié de la juridiction sur la ville de Romans et la jouissance du château-fort

Humbert n'était que baron de Faucigny en partant pour la Hongrie en 1330. Il avait donné une procuration générale à Béatrix de Viennois, sœur du dauphin Jean, à laquelle plusieurs seigneurs furent adjoints. Ces pouvoirs furent renouvelés par une lettre datée de Naples, le 8 septembre 1333.

Après la mort de son frère, Humbert, devenu Dauphin, s'embarqua à Naples avec sa femme et son enfant le 15 octobre. Il mouilla à Gênes puis à Nice et arriva à Marseille le 21 novembre. Il trouva à Avignon Béatrix de Viennois et plusieurs seigneurs dauphinois qui attendaient son arrivée. De là, il se rendit à Beauvoir et enfin à Grenoble, où il fut reconnu par la noblesse et par le peuple pour légitime successeur de Guigues, son frère.

Aussitôt en possession du gouvernement du Dauphiné, Humbert, d'un caractère pacifique, s'occupa de rechercher l'amitié de son plus redoutable voisin. Il fit un traité de paix avec le comte de Savoie le 7 mai 1334, à des conditions honorables, qui furent confirmées dans une conférence tenue à Lesseins, le 18 octobre 1337, et terminées le 9 septembre de la même année dans une entrevue avec le comte à Chatonay, près de Vienne.

Il obligea le comte de Valentinois à lui rendre hommage lige de toutes ses terres dépendantes du comté de Valentinois et de Diois. Il obtint le même devoir féodal d'Aymar, seigneur de Clermont, du prince d'Orange et d'Henri Bé-

---

qu'il y faisait alors construire. Elle mourut vers la fin du mois de mars 1347, dans cette même île de Rhodes. Son corps fut mis en dépôt dans une église et son époux donna par son dernier testament une somme de 5,000 florins d'or aux Cordeliers de Marseille, pour faire transporter les restes de la Dauphine, les inhumer dans leur église et lui élever un tombeau.

renger, il termina la guerre qui existait depuis plusieurs années entre les Alleman et les Aynard. Il réconcilia Aynard de la Tour, seigneur de Vinay, et Odebert de Châteauneuf, etc..

Les Dauphins possédant d'immenses terres autour de Romans, (1) firent constamment des efforts pour exercer dans cette ville une autorité qui n'avait d'autre droit que celui de la force. Ainsi, en 1134, les Romanais ayant pris parti pour leur archevêque dans sa querelle avec Guigues, dauphin, ce dernier emporta la ville de vive force, la saccagea et incendia l'église. En 1160, il s'opposa à la clôture de Romans et ne permit, l'année suivante, cette construction que grâce à la médiation de l'archevêque de Vienne. En 1288, Humbert 1er obligea les habitants des faubourgs de Chapelier, de Sainte-Foy et de Pailherey, alors hors des murs, de se placer sous sa sauvegarde et protection,

---

(1) Au commencement du XIVe siècle, la ville de Romans était une sorte de seigneurie allodiale, dont le territoire ne dépassait pas les fossés de ses remparts. Au spirituel, elle possédait *la liberté romaine*, c'est-à-dire qu'elle était sous la protection immédiate du Saint-Siège, auquel elle payait annuellement le cens d'un sétier d'amandes. La juridiction civile était répartie, conformément aux *Statuts*, entre l'archevêque de Vienne, abbé de Saint-Barnard, dont les pouvoirs n'étaient guère plus qu'honorifiques, et le chapitre de l'église, qui avait à sa tête un Sacristain. Ce corps puissant, composé de quinze chanoines, se partageait les dignités ecclésiastiques, telles que maître de chœur, grand chantre, précenteur, clavier, et les principales fonctions civiles comme courriers, juges de première instance et d'appel. Quant aux habitants, divisés en quatre classes, ils devaient, d'après la charte de 1212, prêter serment de fidélité au Chapitre et être autorisés par les chanoines avant d'élire leurs consuls, voter et lever des impôts et des octrois. Du reste, conformément aux *bonnes coutumes*, ils jouissaient de certains priviléges et franchises pour leur liberté personnelle et pour l'exercice de leurs industries et de leur commerce alors fort prospères. C'est pourquoi ils mirent au fronton de leur hôtel de ville ce vers du poète Ennius :

Moribus antiquis stat res Romana virisque.

moyennant un cens d'une obole d'or ; enfin, en 1314, les mêmes habitants durent prêter hommage au Dauphin. En somme, les anciens Dauphins jouissaient dans Romans de certains droits utiles, qu'ils faisaient exercer par un des véhiers de leurs châteaux voisins. On voit par le compte que Gilles Copier rendit de sa recette, le 17 juin 1318, que depuis pareil mois de l'année 1313, le tribut sur les *mariages des veuves* avait produit 6 livres 6 sols, et que celui sur les *écuelles de noces* était si minime, qu'il en avait été fait grâce. Ces droits peu productifs et sans juridiction avaient toutefois une importance politique, en donnant aux Dauphins un accès dans une ville dont ils convoitaient la possession.

Guigues VIII, le 23 novembre 1323, se trouvant à Romans, avait reconnu que le château de Pisançon était un bénéfice noble et ancien de l'église de St-Barnard, et déclaré le tenir pour lui et ses descendants de ladite église, ainsi que son père, son aïeul et son grand'oncle l'avaient longtemps possédé. (1) Il prêta l'hommage au Sacristain, dont il reçut le baiser de paix, en présence de nombreux témoins, entre autres de Gaston et Richard de Clérieu. A cet exemple et avec une arrière-pensée politique, Humbert II vint à Romans, mais au lieu d'habiter, comme ses prédécesseurs, le couvent des Cordeliers, (2) il prit son lo-

---

(1) Humbert de la Tour, devenu par son mariage avec Anne, fille unique de Guigues VII, souverain du Dauphiné, reçut en 1281, du Chapitre de St-Barnard, la maison forte de Pisançon, qui avait été confisquée sur Lambert de Chabeuil. C'est à partir de cette époque que les deux parties de cette terre furent nommées, l'une *parerie dephinale* et l'autre *parerie poitevine*. Après avoir été cédé, en 1296, à la famille de Mévouillon, en paiement de la seigneurie de Visan, le château de Pisançon revint, en 1306, au Dauphin.

(2) Le couvent des Cordeliers ou Frères mineurs, fondé en 1252 par la munificence des seigneurs de St-Vallier, occupait au centre de la ville un vaste

gement dans la maison de Jacques Coyratier. (1) C'est là que les chanoines allèrent chercher ce prince, le 29 avril 1338, et le conduisirent processionnellement et avec les plus grands honneurs (*cum honoribus et virtutibus*) à l'église de St-Barnard, où devant le maître-autel il prêta l'hommage traditionnel et fut ensuite reçu chanoine et installé immédiatement au haut du chœur. (2) Cette dignité, outre qu'elle faisait participer à tous les avantages tempo-

---

emplacement d'environ sept sétérées (2 hect. 40 ares). Il servait de résidence aux grands personnages de passage à Romans. Il était le siége de nombreuses confréries et le lieu de réunion des assemblées politiques et surtout des Etats de la province. Les notables du pays se faisaient inhumer dans son église, où existaient plusieurs caveaux funéraires. La cour du couvent, très spacieuse, s'étendait du levant au couchant, depuis l'entrée de l'église jusqu'à la montée dite des Cordeliers. C'était un lieu presque public. Elle servait à l'administration de l'Aumône générale pour y faire sa *donne* ; c'est là que fut joué le fameux *Mystère des trois Doms* pendant les fêtes de la Pentecôte de 1509. M. Giraud a publié, en 1848, une brochure très intéressante sur la *composition, la mise en scène et la représentation* de ce drame religieux, dont le manuscrit vient de reparaître au jour, après une éclipse de près d'un siècle.

Devenu bien national, le couvent des Cordeliers avec son clos fut acquis par la ville le 28 décembre 1790, au prix de 20,000 livres. Le coteau alors planté en vigne a été nivelé et converti en promenade. L'église qui était fort belle, a été démolie en 1802. Aujourd'hui l'ancien claustral des Cordeliers renferme les établissements les plus importants de la ville : la mairie, le tribunal de commerce, la justice de paix, le collége, la salle de spectacle, les bureaux de la poste et du télégraphe.

(1) *Coyraterius*, cuiretier, tanneur. Il habitait le quartier de la Prêle et probablement la rue des *Chauchères* (des Foulons) où une maison a longtemps offert sur sa façade la sculpture d'un Dauphin. Humbert II, en descendant chez un simple bourgeois où il ne dut pas être logé d'une manière princière, avait pour but de se faire des partisans en se montrant populaire, et de s'entendre plus à son aise avec eux sur ses projets d'établir son autorité dans Romans.

(2) Humbert II fut reçu chanoine de l'église du Puy en Velay, le 9 octobre 1339, comme l'avait été en 1282 Humbert Ier. Il obtint plus tard la même dignité dans l'église de Vienne.

rels et spirituels qui y étaient attachés, mettait Humbert II en communauté d'intérêt avec des personnages qui avaient une grande influence sur les populations.

Quelques années plus tard, la nécessité de consolider son autorité par sa présence, obligea le Dauphin de séjourner dans Romans et d'avoir par conséquent une habitation dans cette ville. Alors il fit l'acquisition de deux maisons contiguës, l'une le 9 octobre 1342 de Françoise de Moras, veuve de Guillaume de Chaussenc, au prix de 120 florins d'or, et l'autre de Berton de Maloc. (1) Ces maisons étaient situées en lieu agréable et commode : près de l'église, à l'entrée du pont, entre la rue Pécherie et l'Isère. Tous les actes donnés dans la ville de Romans par Humbert II ont été signés dans la maison qui fut naguère à Berton de Maloc (*in domo Delphini quæ fuit olim Berthonis de Maloco*). Après le départ de Humbert et son abdication, cette habitation fut délaissée et ensuite vendue et morcelée. Une grande partie, après plusieurs reconstructions, a été, en 1865, incorporée à la voie publique, pour élargir les abords du pont et construire un quai auquel par un souvenir un peu tardif, on a donné le nom de *Quai Dauphin*.

Cependant, pour des raisons qu'on ignore, le Dauphin semblait avoir voulu renoncer à son habitation dans la ville, car par le traité de pariage conclu avec le pape, le 31 juillet 1344, ce prince se réserva le droit de faire construire sur un point dominant de la ville, en dedans ou en dehors de l'enceinte, un château-fort (*castrum et fortali-*

---

(1) Damoiseau. Il passa reconnaissance le 3 avril 1331 au recteur de l'Hôpital de Sainte-Foy pour des maisons situées dans la rue de l'Aumône, et en 1367 pour des terres qu'il avait albergées. Il fut châtelain de Beaumont-Monteux.

cium). Il est question de cette construction à l'art. 86 des priviléges accordés en 1345 aux Romanais (1) et dans le compte des dépenses de la maison de Humbert II pour l'année 1352, où figure une somme de 61 livres, 3 deniers, 3 pictes pour la construction de certains édifices au château de Chapelier, lequel du reste n'a jamais été achevé et a fait place en 1587 à une Citadelle et en 1610 à un couvent de Capucins.

Dans le concordat avec le pape, dont il a été question plus haut, entre autres conditions imposées au Dauphin est celle de faire démolir, sans pouvoir la relever, la forteresse nouvellement construite au delà du pont sur l'Isère (2) et connue sous le nom de *Bastide de Beau-Secours*. Elle commandait à la fois le cours de la rivière, l'entrée du pont et l'arrivée des routes de Valence et de Pisançon. Elle était, en 1331, sous l'autorité d'Amédée de Poitiers, seigneur de Saint-Vallier. Après la prise de Romans, Humbert II en confia la garde au bâtard de Lucinge, qu'il avait marié avec sa fille illégitime Catherine. (3) Il s'y arrêtait quelquefois et se plaisait à y signer des actes qu'il terminait ainsi : *Acta fuerunt in Bastida Belli-Succurssus, propre pontem de Romanis.*

Cette injonction pour la démolition de cette forteresse n'eut pas de suite, et cela du consentement du Chapitre. Par compensation le Dauphin lui fit donation, par acte du 12 avril 1348, de la moitié par indivis de la Bastide, avec le bourg et la juridiction qui en dépendait. Elle servit alors

---

(1) *In castro nostro quod fieri et ædificari fecimus in Chapelerio.*

(2) *Teneatur noviter Bastidam ædificatam citra pontem de Romanis fonditus noviter et removere, et quod in antea non reedificatur.*

(3) Pierre de Lucinge, fils naturel de Mélincte de Lucinge, et Catherine furent fiancés par contrat dressé au Buis, le 24 avril 1337. Humbert donna à la future, sa fille naturelle, un revenu de 100 florins d'or.

de siége aux autorités du mandement de Pisançon. (1) La forteresse ne fut rasée qu'en 1633, par suite d'un édit du 24 janvier et sur l'ordre du parlement. Elle avait une superficie d'une quartelée (8 ares 1/2). Elle était carrée avec une grosse tour ronde à l'angle sud-est. Le sol fut albergé, le 27 mai, à M. de Pisançon par les commissaires chargés de la démolition des forteresses. (2)

Humbert II, profitant de quelques troubles survenus dans Vienne, y fit entrer des soldats et se rendit maître de la ville. Les habitants se soumirent et, du consentement des chanoines, il fut commis à la garde et à la défense de Vienne et de la maison des Canaux. Il prit alors le titre de *Palatin de la ville de Vienne et d'Archisénéchal du royaume de Vienne et d'Arles.* Il fut ensuite créé chanoine de l'église. (3)

L'archevêque de Vienne, expulsé de son siége, se plaignit au Pape, (4) qui cassa ce qui s'était passé sans son autorisation. Les habitants de Romans animés d'un zèle irréfléchi, prirent le parti de leur archevêque et coseigneur, et se mirent, sous la direction du Juge et du Courrier, à fortifier

---

(1) *Judex ordinavit ipsas litteras fore legendas circa turrem per Johannem Choleti, preconem loci Burgi Pisancii.* (Ordonnance du 24 mai 1444).

(2) Des travaux considérables exécutés récemment ont mis à découvert les fondations de l'ancienne Bastide. On a trouvé, au milieu de vieux débris, une grosse clef artistement travaillée, provenant de l'ancienne forteresse. En tous cas, par son volume, son élégance, cet objet n'a jamais pu faire partie du mobilier des masures qui jusqu'à nos jours ont recouvert l'emplacement de la Bastide de Beau-Secours.

(3) Ces faits furent ratifiés par une Bulle du 18 novembre 1346.

(4) Benoît XII, Jacques Fournier, couronné à Avignon le 8 janvier 1335, mort le 25 avril 1342.

leur ville (1) et à dresser des machines. De son côté, le Dauphin n'épargna pas les vexations aux Romanais et, comme pour les provoquer, ajouta l'affront d'élever des piliers de justice à la vue des remparts. C'était un piège dans lequel les habitants de Romans ne manquèrent pas de tomber. En effet, à cette vue odieuse, ils se ruèrent sur le territoire de Peyrins, y commirent des dégâts, des violences et arrachèrent les piliers de justice qu'ils brûlèrent ensuite sur la place publique avec les armoiries du Dauphin. Tous ces actes avaient eu lieu en armes et sous la conduite d'un capitaine nommé Tartarel. Humbert, qui avait son dessein, n'opposa aucun obstacle à ces excès jusqu'à ce qu'ils fussent suffisants pour lui donner le prétexte d'attaquer la ville ; ce qui eut lieu le 25 mai 1341.

Pour éviter les dangers d'un siège, des pourparlers d'accommodement eurent lieu et suspendirent les hostilités. Un traité fut fait par des arbitres dans la salle du château de Peyrins (2) sous la présidence de Henri de Villars, évê-

---

(1) C'est-à-dire à réparer et à mettre en état de défense les remparts de la première enceinte qui étaient presque en ruine par défaut d'entretien et non par vétusté, car ils ne dataient que de la seconde moitié du XIIe siècle. Ils ne furent plus désignés que sous le nom de *vieux murs* lorsqu'on eut construit la seconde enceinte, laquelle beaucoup plus étendue que la première, renfermait un périmètre triple. La première pierre en avait été posée solennellement, sous la porte de St-Nicolas, le 27 février 1357, par Bernard évêque de Ferrare, délégué du pape.

(2) Le château de Peyrins ou du *Roux* était situé sur le sommet d'une colline, au nord-ouest du village. La date de sa fondation se perd dans la nuit des temps. Il était vaste et commode, sinon confortable, le nom et la chose étant inconnus de nos ancêtres. Il fut habité par de grands personnages : au milieu du XIIe siècle par les Lambert François, au commencement du siècle suivant par les Raymond Bérenger et ensuite par leurs véhiers ; les Truanus, les Archinjaud, etc. Plus tard y résidèrent : Humbert II avant la prise de Romans, le dauphin Charles après son mariage, le comte de Savoie Phi-

que de Valence, (1) en présence des commissaires du Dauphin et des députés de Romans Jean Coste, Garin Fabre, Martin Russol, Bontoux Gibelin le vieux, Boniface Cosserie et Martin Vital. Les Romanais s'engagèrent à réparer les dommages qu'ils avaient faits sur les terres delphinales, à rétablir les piliers de justice qu'ils avaient brûlés, à démolir les fortifications commencées et à donner en garantie soixante ôtages choisis parmi les principaux citoyens.

Le même jour, à Valence, l'archevêque de Vienne, frappait d'excommunication le Dauphin, et le pape employait contre ce prince les censures ecclésiastiques, à cause du retard qu'il mettait à s'acquitter d'une somme de 16,000 florins qu'il devait à la Chambre apostolique. Cependant dans un désir de conciliation, le Saint-Père intervint dans cette querelle en qualité de pacificateur. Il nomma pour arbitres Guy d'Auvergne, archevêque de Lyon, et Henri de Villars, évêque de Valence, qui proposèrent une suspension d'armes. Le Dauphin refusa l'armistice et continua ses préparatifs contre Romans.

Se croyant forts de l'appui du pape et de l'archevêque

---

libert le *chasseur*, qui y vint en 1376 pour chasser dans les bois environnants la *Sauvagine*, le dauphin Louis XI, qui y signa, en 1450, une charte de libertés en faveur des Romanais. Ce château, à l'entretien duquel contribuaient les Romanais, fut démoli ou mieux rasé complètement en 1580, par des ouvriers requis à Romans et qui durent se contenter des matériaux pour tout salaire. Le château actuel date du XVIe siècle.

(1) Il était fils de Humbert, sire de Thoire et de Villars, et d'Eléonore de Beaujeu. Il fut successivement évêque de Viviers, évêque de Valence et de Die, enfin archevêque de Lyon. Humbert II le nomma plusieurs fois son lieutenant en Dauphiné, le 4 mai 1335, le 16 mars 1345 jusqu'en 1354.

Son frère Louis fut élu, en 1361, évêque de Valence et de Die, puis archevêque de Lyon.

La maison de Villars était alliée à celle des Dauphins du chef d'Agnès de Faucigny, troisième aïeule de Humbert II et de Henri de Villars.

de Vienne, les Romanais, devenus plus hardis, commirent l'imprudence et la faute de recommencer les hostilités, c'est-à-dire des incursions et des violences sur les terres environnantes. Humbert II, poussé à bout, convoqua le ban et l'arrière ban de sa milice et son armée compta bientôt de hauts personnages, tels que Guy, comte de Forez, Raimond des Baux, prince d'Orange, Edouard de Savoie, outre les Poitiers, les Villars, les Roussillon, etc. La ville fut bientôt entourée et un blocus rigoureux établi. (1) Privée de secours, elle offrit de capituler. Le 14 février 1342, une conférence se tint dans la tente même du Dauphin pour traiter de la reddition de la place et des conditions de la paix. Les habitants étaient représentés par Ponce Mallet Pierre de Chevrières, Bontoux Gibelin, Pierre Coyratier, Jean Jeyssans et Pierre Verdier. Il fut arrêté et convenu qu'un délai de six jours, à partir du 15 jusqu'au 20 février, était accordé aux Romanais et que, si pendant ce temps-là, la ville n'était pas secourue, elle serait remise au Dauphin. Cet accord devait être garanti par vingt ôtages pris parmi les bourgeois et vingt autres parmi ceux du menu peuple qui seraient consignés dans le château de Peyrins.

Le délai accordé par la convention étant expiré, le Dauphin, accompagné seulement des principaux officiers de son armée, entra dans Romans et reçut, le 23, le serment de fidélité des habitants. Quelques jours après, le 27, dans l'église du couvent des Cordeliers, se passa une scène concertée d'avance avec les partisans du vainqueur. Devant environ 2,000 personnes assemblées dans la dite église, le

---

(1) En effet, la ville fut cernée, même du côté du midi, sur la rive gauche de l'Isère. Les religieuses de Vernaison demandèrent et obtinrent une indemnité pour les dégâts faits par les troupes du Dauphin, dans une de leurs vignes, sur le mandement de Pisançon.

Daúphin fit lire par Amédée de Beaumont, (1) en langue vulgaire et à haute voix, en présence de plusieurs notaires et témoins, les injures, offenses et déprédations commises par les habitants de Romans envers le Dauphin, et en outre des vols, incendies et meurtres perpétrés à plusieurs reprises, à son de trompe et de cloches, enseignes déployées, sur les mandements de Pisançon, de Clérieu et de Peyrins, d'avoir arraché les piliers de justice et les avoir brûlés sur la place publique, d'avoir attaché les armoiries du Dauphin à la queue d'un cheval, les avoir traînées dans la boue et foulées aux pieds, d'avoir saisi et conduit à Romans des bateaux et des radeaux appartenant au Dauphin, d'avoir fracturé la caisse du receveur des péages et s'être emparé de l'argent qu'elle contenait.

Après chaque grief, les chefs des partisans du Dauphin, qui étaient au premier rang, répondaient que les faits étaient vrais et qu'ils s'étaient passés ainsi. Enfin, Humbert II, recevant les Romanais à miséricorde, estima la réparation de tous ces méfaits à une amende, dont le chiffre, par son exagération, semblait prouver qu'elle n'était pas sérieuse. C'était rien moins que 500,000 marcs d'argent pour offense à sa personne, 100,000 florins d'or pour les frais de la guerre et 100,000 autres florins pour les dommages. Les affidés, qui avaient déjà tout avoué, promirent tout ce qu'on voulut. (2)

---

(1) Protonotaire du Dauphin. Il épousa, en 1336, Béatrix Alleman, fille de Guigues, seigneur de Valbonnais. En considération de cette alliance, Humbert II avait donné à la mariée 1,500 florins. Dans un voyage qu'il fit à Paris en 1340, avec le Dauphin, Philippe de Valois, pour s'en faire un partisan, lui assura une pension de 200 livres sur le trésor royal.

(2) Cette contribution de guerre, énorme pour l'époque et surtout pour une petite ville de quelques milliers d'âmes, montait en valeur intrinsèque (en estimant le marc d'argent à 50 fr. et le florin à 10 fr.) à environ 26 millions de fr., soit à 156 millions en valeur relative. (En 1340, le marc d'ar-

Cette déclaration faite, Humbert, moins irrité qu'il venait de le montrer, accorda à ses nouveaux sujets, comme il l'avait promis à ses partisans, une charte de libertés rédigée par deux jurisconsultes, Rodolphe de Chevrières, (1) et Gerenton Bayle. La joie des Romanais fut grande, car le premier article rétablissait le consulat avec le droit de s'assembler et de s'imposer (2) et le deuxième supprimait le droit de ban-vin, (3) mais toutefois, sans vouloir garan-

---

gent valait 4 liv. 5 s. ou 5 florins estimés chacun à 17 s. ou 12 gros.) C'était comme nous l'avons dit, une créance peu sérieuse, et qui ne fut jamais payée. Mais c'était un titre que le Dauphin se ménageait contre l'inconstance bien connue des Romanais, et plus d'une fois, l'autorité le rappela comme une menace, pour maintenir la ville dans l'obéissance. L'évêque de Cavaillon et Ponce Renaud, avocat d'Avignon, avaient prouvé dans des consultations longuement motivées, que cette créance du Dauphin était injuste, sans raison et nulle.

(1) Personnage important docteur en lois, membre du conseil delphinal. Il signa, le 23 juin 1341, l'appel au pape contre l'excommunication dont le Dauphin avait été frappé par l'archevêque de Vienne. En 1360, il fut nommé juge de la cour majeure du Viennois, en 1361, il accompagna le gouverneur du Dauphiné dans son inspection de la province. Enfin, remise lui fut faite par le Dauphin Charles de certains reliquats de comptes, en récompense de ses anciens services.

(2) A cette époque de libertés et de franchises municipales, les habitants de Romans réclamaient comme naturels des droits dont ils n'ont joui sous aucun régime et qui, même aujourd'hui, seraient regardés comme excessifs et subversifs.

(3) Le ban-vin ou ban du vin était un droit féodal qui permettait au chapitre de faire vendre, à l'exclusion de tous autres et pendant un temps déterminé, le vin de ses terres et celui de ses dîmes : mélange auquel le public avait donné le nom irrévérencieux de *Ripopée* du Chapitre. Toutefois les cabaretiers avaient la faculté de continuer leur débit, mais à la charge d'acheter e tiers du vin décimal. La proclamation de l'enchère ou *Sarre taverne* se faisait huit jours avant le jeudi gras par le crieur public, en ces termes : *L'enchèra ! Monseignou Sant-Barnard fait à saver, de par la cort, à touta manièra de gens de qualque condition que sia, que no sian si hardy de vindre, durant lou vin dal ban de l'églisia de Sant-Barnard et sut la pena de cent sols applica à la cort et de perdre lou vin et la bossa en que sera, del qual vin et de la bossa li meyta si doneyra per l'amour de Deu et li autre meyta se applica Sant-Barnard* : On conçoit qu'un privilége aussi gênant dut donner lieu à de

tir ces libertés, qui n'auraient d'effet qu'aussi longtemps que la ville demeurerait en son pouvoir, et que les habitants seraient fidèles à leur serment. Ces actes furent reçus par cinq notaires, accompagnés de plusieurs témoins. (1)

Le 9 mars 1342, six consuls (deux de plus que le nombre ordinaire) furent élus dans le château de Pisançon, en présence du Dauphin. C'étaient : Etienne Bourgoin, Garimon Dorier, Jacquemon Luce, Jean Torète, Bontoux Gibelin et Pierre Gemme. On choisit ensuite seize conseillers pris parmi les bourgeois, les marchands, les artisans et les laboureurs. Tous prêtèrent serment de fidélité sur les Évangiles et promirent de remplir exactement leur mandat.

Après cet acte de souveraineté, le pape fulmina une

---

fréquents conflits. Il fit naître au siècle dernier un formidable procès, soutenu à l'aide de longs et nombreux mémoires remarquables par un grand luxe d'érudition. Il n'était pas encore terminé lorsque la Révolution supprima le Chapitre, le consulat et le droit du ban-vin.

Et le combat cessa faute de combattants.

(1) Ces privilèges et libertés de la ville de Romans ont été confirmés par l'empereur Charles IV, le 25 février 1366, par le roi Charles V le 12 juin de la même année, par le dauphin Louis (XI) le 25 février 1450, par François 1er en juillet 1516, par Henri II en juin 1547, par Henri III en mai 1576, par Henri IV en mars 1597, par Louis XIII en juillet 1615. L'exécution en a été ordonnée par deux arrêts du conseil delphinal les 16 novembre 1381, 4 mars 1451, et deux autres arrêts du parlement de Grenoble.

Pendant un procès soutenu contre le chapitre, les consuls de Romans demandèrent au parlement un extrait sur parchemin des privilèges octroyés aux habitants de cette ville par le dauphin Humbert II. Ce qui fut accordé le 26 janvier 1762. Il en est résulté un registre petit in-4°, relié en basane, contenant 62 feuillets en vélin, offrant dans le corps du dit acte 43 lacunes où le papier manque et aux marges 160 apostilles ou annotations parmi lesquelles on compte 52 lacunes, dont on n'a su lire les mots. Expédition autorisée par Adrien Molard, président, Flandy, procureur général, et Raby, conseiller maitre en la Chambre des comptes.

Ce document est sans date, le dernier feuillet étant lacéré par vétusté, M. Giraud pense qu'il doit être placé entre le mois de septembre 1344 et le mois de mai 1345.

bulle d'excommunication contre le Dauphin et quatre de ses principaux adhérents : Guy, comte de Forez, Amédée de Poitiers, seigneur de Saint-Vallier, Gaucher de Monteil et Amblard de Beaumont. Humbert, justement effrayé de cette sentence, se rendit immédiatement à Avignon pour justifier sa conduite et se faire absoudre. (1) Il eut, le 28, une audience de Benoît XII, qui lui enjoignit, sous peine de 10,000 florins d'or applicables, à la chambre apostolique de désemparer la ville de Romans, au plus tard à la fête de l'Ascension prochaine, 15 mai. C'était à cette seule condition qu'il pourrait être relevé de l'excommunication qu'il avait encourue. Le Dauphin s'y engagea et donna pour garant de sa parole les personnages cités plus haut dans la même bulle. Le pape, satisfait de cette soumission, promit de les affranchir de l'interdit qui pesait sur eux. Il ordonna à l'archevêque de Vienne de suspendre la sentence de l'excommunication. (2)

En attendant la solution de ces différends, chacune des hautes parties contendantes, loin d'imiter la réserve du Chapitre de Saint-Barnard, fit au contraire acte de souveraineté. Ainsi le Dauphin, le 5 mars, autorisa Pierre Fabre (3) et Pierre Fallet ainsi que les maîtres de la monnaie de Romans (4) à frapper les pièces aux conditions

---

(1) Comme pendant son procès avec l'archevêque de Vienne, le Dauphin résida au Pont de Sorgues, où était mort son père Jean II.

(2) V. E. GIRAUD, *Essais hist.* t. II, p. 143 et suiv.

(3) Il lui avait donné, le 17 octobre 1338, la mistralie de la châtellenie de Morestel et Goncelin, qu'il transmit à Eustache Pinel.

(4) Nous ignorons à quelle époque remonte la création d'un atelier monétaire à Romans. Ce dut être dans le principe une succursale de celui de Vienne dont les livres dites *Viennoises* étaient fort en usage dans le midi et valaient un cinquième de moins que les livres *tournois*. On voit qu'en 1337 Humbert Clavet, chanoine, reçut le compte des espèces fabriquées sur lesquelles le Chapitre prélevait un dixième des émoluments. Le Dauphin afferma

stipulées dans son ordonnance ; de son côté, le 1ᵉʳ juin 1342, le pape commit Gérard de Marguerite pour gouverner en son nom la ville de Romans (1) et ensuite concéda à Pierre Audrald l'office de greffier de la cour séculière.

---

d'abord cette taxe moyennant une remise fixe sur chaque marc d'argent. Mais, en 1348, il mit la fabrique de la monnaie de Romans sous la direction de Duranton du Pont et prit à sa solde les officiers monétaires : dépense qui se monta à 235 livres. Enfin des lettres du gouverneur de la province datées de Romans, le 19 octobre 1337, avaient réglé le poids et la loi des monnaies qu'on devait fabriquer dans ces établissements. C'est aussi à Romans, le 3 mai 1342, que se tint le premier *parlement général des ouvriers monayers du serment de l'Empire* dans « l'ostel des Frères menors. » (Cordeliers) On y fit les ordonnances de cette importante corporation. D'autres assemblées de ce parlement eurent lieu dans la même ville, savoir : le 5 mai 1355, le 4 mai 1368, le 6 mars 1384, le 6 mai 1390 et le 4 mai 1397.

Les rois de France voyaient d'un mauvais œil la fabrication particulière des monnaies. Ils les attaquèrent indirectement, même en les remboursant quand ils ne pouvaient pas faire autrement.

Le conseil de la ville délibéra le 16 mai 1508 d'envoyer, à ses frais, un député aux Etats de la province pour obtenir que l'hôtel des monnaies de Romans ne fût pas supprimé. Cette suppression eut lieu définitivement le 12 avril 1556. Charles de La Cour fut le dernier prévôt et reçut en dépôt le matériel, qui était à peu près hors de service. Un inventaire fait en 1558 mentionne seulement plusieurs trébuchets, des cizoyers, des casses à recuire, des marteaux, etc.

Les pièces fabriquées à Romans se reconnaissaient à un point placé au-dessous de la deuxième lettre de l'exergue. A la suite de celle-ci il y avait quelque fois un R couronné. Les cabinets de Paris et de Munich possèdent de belles médailles du roi François Iᵉʳ qui ont été frappées dans l'atelier de Romans.

(V. GIRAUD, *Bull. de la Soc. d'Archéol. de la Drôme*, t. VI, p. 77 ; et G. VALLIER, *ibid.* t. VIII, p. 471).

(1) Les Dauphins de France, à l'imitation du pape, établirent dans Romans des gouverneurs revêtus d'une grande autorité. Pendant les guerres de religion plusieurs fois les Consuls furent dans la nécessité de nommer ou de subir des gouverneurs en dehors des règles ordinaires.

La ville alors pour se concilier les chefs d'une soldatesque indisciplinée, leur accordait des traitements exceptionnels, qui furent pour plusieurs de 60 écus (500 fr.) par mois avec le logement et les ustensiles et autres fournitures en nature. Les Consuls obtinrent par une supplique au roi que Alexandre Sibeud de Saint-Ferréol succédât à son père en qualité de gouverneur de

Après la mort de Benoît XII, son successeur Clément VI (1) se montra plus favorable au Dauphin et permit à son confesseur de l'absoudre de toutes les excommunications qu'il avait encourues, à condition de consacrer des aumônes à des œuvres pies. De là vint l'engagement que prit Humbert II d'établir un fonds pour l'entretien de trois cents religieuses ; ce qui donna lieu à la fondation de plusieurs monastères : ceux de Montfleury, de Sainte-Claire de Grenoble, de Saint-Just-de-Claix.

Enfin pour régler le différend entre le Dauphin et les Romanais contre lesquels il avait de justes griefs à faire valoir, le pape chargea le cardinal Bernard d'informer sur cette affaire. En conséquence, le 7 septembre, Gérard Albert, notaire apostolique, fit assigner dans son hôtel, à Avignon, la communauté de Romans représentée par douze citoyens des plus considérables de la ville : Jean Coste, (2) Ponce Malet, (3) Jacquemet Coyratier, (4)

Romans. Il revendit cet emploi, jusqu'à lui non vénal, pour le prix de 24,000 livres à Charles de Claveyson qui le transmit à la famille de Lionne dans laquelle il est resté près d'un siècle. Ce gouvernement valait au titulaire 400 écus par an payés moitié par la ville et moitié par le roi, laquelle était prise sur la pension de 50 florins que Romans payait annuellement au Dauphin. Le nombre de ces gouverneurs a été, de 1357 à 1790, de trente-quatre. Le dernier fut M. Flodoard-Eléonor de Bally, brigadier des armées, exempt des gardes du corps, chevalier de Malte et de Saint-Louis.

(1) Pierre Roger de Beaufort, né près de Limoges, moine de la Chaise-Dieu, archevêque de Rouen, cardinal en 1337, élu pape le 7 mai 1342, couronné le 19 à Avignon, ville qu'il acheta ensuite le 9 juin 1348 de Jeanne, reine de Naples, et où il mourut le 19 décembre 1371, à l'âge de 69 ans. Le Dauphin avait assisté à ce couronnement avec plusieurs princes français: c'est même à cette occasion que furent entamés les premiers pourparlers relatifs à la cession du Dauphiné à la couronne de France.

(2) Qualifié noble, homme riche, taxé en 1367 à une cote de 16 florins.

(3) D'une très ancienne famille qui figure dans plusieurs chartes du cartulaire de St-Barnard, il avait donné son nom au pont dit des Orphelines.

(4) Le même chez qui le Dauphin avait pris logement en 1338.

Ponce de Chevrières, (1) Garin Fabre, (2) Guillaume Barbillon, (3) Etienne Bourgoin, Bontoux Gibelin, (4) Pierre d'Arlia, (5) Guillaume Revolat, (6) Guigues Gras et Garin Dorier. (7)

Par ce traité, confirmé par une bulle du 3 septembre 1344, le pape Clément VI céda au Dauphin, contre la terre de Visan, la moitié de la juridiction de la ville de Romans et 12,000 florins pour la plus-value. (8) L'admi-

---

(1) Le 2 juillet 1363, il fut établi par François de Beaumont, châtelain de ses terres de Fiançaye et de Rioussec. Il accensa, au prix de 7 florins 1|2, les châteaux de Barbières et de Pellafol. En 1385, il apura les comptes des receveurs de la ville et devint, en 1387, châtelain de Beaumont-Monteux. Sa femme, Soleta d'Allevard, vendit à Garin Fabre, le 18 octobre 1362, une portion de moulin.

(2) Le Dauphin lui donna en fief, le 24 janvier 1328, une forêt près de Peyrins appelée *Nemus Gicorum*. Il acheta, le 29 octobre 1352, au prix de 120 florins, le moulin de Bernard Braza. Il fut un des rédacteurs du règlement de la draperie.

(3) Cette famille existe encore dans Romans, ayant ajouté à son nom celui de Dupré. En 1793, Barbillon-Dupré, sergent de ville, reçut du procureur de la commune, au sujet de cette addition pseudo-nobiliaire, une admonestation bien sentie qui mérita de trouver place dans les registres municipaux. Barbillon-Dupré fils du précédent, ancien militaire, fut après 1815, agent de police et ensuite huissier.

(4) Il épousa Jeanne Brunet Mercier, dont il eut une fille appelée Boneta. Il possédait la maison forte appelée aujourd'hui *Jabelins*.

(5) Il était dans Romans bailli de l'archevêque de Vienne et commandait l'armée que la ville mit sur pied, en 1346, pour résister à l'invasion des épiscopaux. Il était taxé en 1367 à la cote élevée de 20 florins. Il légua aux pauvres en 1363 une rente d'un sétier de blé.

(6) C'était le frère de Jean Revolat, courrier de la ville, compromis dans le meurtre de la femme de Guillaume Mercier.

(7) Garin ou Garimon, orfèvre, deuxième consul en 1342.

(8) Cet échange de la terre de Visan eut lieu malgré la désapprobation des plus fidèles conseillers du Dauphin et celle des habitants qui refusaient de changer de maîtres. Ils opposaient à ce dessein un des articles de leurs privilè-

nistration de la justice et toutes les fonctions publiques devaient être exercées par un même juge et par les officiers que le Dauphin et le Chapitre nommeraient alternativement, sans préjudice des appellations que le pape se réservait. Les criées seraient faites au nom des co-seigneurs, les sceaux et les drapeaux, les poids et mesures seraient marquées aux armes du Dauphin écartelées de celles de l'Archevêque et du Chapitre. (1) On conserva la capitation d'une obole d'or sur chaque habitant, le droit des écuelles de noce, la dixième partie des émoluments de la monnaie que l'archevêque ferait battre. La dîme du vin fut réglée au vingtième. Le 20 septembre suivant, il fut fait un accord et un règlement touchant la justice commune de la ville de Romans.

Immédiatement après la signature de ce traité, le pape investit le Dauphin de ses nouveaux pouvoirs par la tradition d'un rouleau de papier qu'il tenait à la main. Ce prince prêta aussitôt hommage tête nue, genoux en terre. La cérémonie eut lieu, en présence de plusieurs prélats, à Villeneuve-lès-Avignon, dans l'hôtel de *Napoléon* qui avait appartenu à un cardinal de ce nom. Le secrétaire du Dauphin, le fidèle Pilati (2) désapprouva ce traité, ajou-

---

ges qui les déclaraient inaliénables et inséparables du Dauphiné. Enfin, les ambassadeurs du roi de France offrirent même au Dauphin de lui payer en deniers plus que le pape ne lui donnait, et en un fonds assuré autant de revenu qu'en valait la terre de Visan. Mais tout fut inutile.

(1) Sur le grand sceau de la cour séculière de Romans ces armes sont partie du dauphin et contre-parties de la main de bénédiction du Chapitre et du lion chargé d'une croix de l'archevêque.

(2) Humbert Pilati, notaire et secrétaire du Dauphin, avait servi en la même qualité sous Guigues VIII. Il mourut en 1373, étant alors prévôt de l'église de Saint-André et auditeur des comptes. Les registres qui portent son

tant que, après avoir sorti de prison les habitants de Romans, il s'y était mis lui-même.

L'abbé de Saint-Barnard, c'est-à-dire l'archevêque de Vienne, et le Chapitre conservaient les revenus et les redevances que, d'après les lois de la féodalité, ils étaient en usage d'exiger de leurs vassaux, mais les autres droits provenant de l'exercice de la justice et de la souveraineté étaient déclarés communs et par moitié entre l'abbé et les chanoines d'une part et le Dauphin de l'autre. Les clefs de la ville et de la forteresse de *Mont-Ségur* (1) seraient aussi en commun. Les Romanais étaient tenus de ne donner aucun secours contre les églises de Rome, de Vienne, de Lyon, de Valence, de Die, de Romans et contre toute église en général. Ils ne devaient pas prêter hommage, mais seulement le serment de fidélité. (2) Enfin le Dauphin s'engageait à assigner à la ville pour banlieue un territoire convenable et suffisant (*competentem et moderatum territorium*) à prendre sur les terres environnantes de Clérieu,

---

nom vont depuis 1325 jusqu'en 1370. On le fait auteur d'un journal sur la vie du Dauphin Humbert II sous le nom de *Memorabilia Pilati*, dont il reste quelques fragments publiés par Valbonnais à la fin du tome II de son *Histoire du Dauphiné*.

(1) Cette forteresse (*Mons Securi*) fut construite en 1282 pour servir de refuge aux chanoines en cas de révolte des Romanais, conformément à la sentence arbitrale rendue sous la médiation du prince de Salerne. Elle devint, en 1343, la prison publique en remplacement de celle du Chapitre, située au quartier de la Pavigne et dont l'aspect peu gracieux et le séjour aussi désagréable que peu confortable lui avait valu par antiphrase le nom de *Paradis*. La forteresse de Mont-Ségur mesurait 55 mètres du levant au couchant et 15 de largeur. Cette masse informe a été démolie en 1835 pour faire place à un marché aux chevaux.

(2) Le 23 février 1345, Humbert II vint à Romans, accompagné de nombreux seigneurs et reçut le serment de fidélité des habitants sur la place devant l'église de Saint-Barnard.

de Peyrins et de Pisançon. Ce territoire serait commun aux co-seigneurs, de même que la ville. (1)

Par une bulle en date du 25 mai 1345, le Dauphin fut, sur sa demande, nommé *capitaine général de l'armée chrétienne envoyée outre-mer contre les Turcs*. Le jour de la Fête-Dieu, ayant été proclamé chef de la Croisade, il reçut des mains du pape la croix, le bâton de commandement et le drapeau où était représenté le Christ. Il fit vœu alors de servir trois ans avec 300 hommes d'armes, 1,000 arbalétriers et 100 chevaliers, et de fournir cinq vaisseaux bien équipés, à ses frais.

Le 24 juin, il déclara devant ses principaux conseillers vouloir écrire désormais son nom d'une manière plus orientale avec un y grec, ainsi *Ymbert*.

Alors, dans le besoin d'argent où il se trouvait, il vendit à Guillaume Roger, frère du pape, ses terres d'Auvergne au prix de 40,000 florins d'or et celles de Languedoc moyennant 31,000 livres.

A la veille de partir pour la Croisade, Humbert par lettres datées de Romans le 16 avril 1345, avait nommé l'archevêque de Lyon, Henri de Villars, son lieutenant en Dauphiné pendant toute son absence. Le 13 juillet suivant, près d'Avignon, dans le monastère de N.-D. de Bon-Repos, il lui assigna six florins d'or par jour et lui

---

(1) Ce n'est que le 18 septembre 1354 que l'ancien Dauphin, « pour obéir aux cris de sa conscience, » délivra des lettres patentes, datées du couvent des Frères Prêcheurs de Paris, pour délimiter le territoire à donner à la ville de Romans, qui devait être pris sur les mandements de Clérieu et de Peyrins, soit 4,363 sétérées (1,490 hectares) de terres, prés et vignes, et 555 sétérées (199 hectares) de bois, ce qui eut lieu. Ce territoire avec le *Voirasier*, qui appartenait au Chapitre, est à peu près celui qui constitue la commune actuelle de Romans.

donna un pouvoir encore plus ample en l'appelant « son frère et son ami de confiance. »

Henri de Villars fixa sa résidence à Romans, dans le couvent des Cordeliers et ensuite dans l'hôtel de Claveyson. (1) C'est pourquoi Bertrand de Saint-Maurice, official du cardinal Bertrand, se présenta à ce même couvent pour sommer à comparaître devant la cour romaine le Dauphin, bien qu'il sût que là n'était pas sa demeure, mais celle de son représentant : c'était donc une simple formalité de procédure qui n'eut pas de suite.

Voici les principaux événements qui se passèrent à Romans pendant le séjour qu'y fit le gouverneur du Dauphiné.

Henri de Villars convoqua les juifs de la province et tira d'eux une somme de 1,000 florins : il soumit aussi les Lombards et les banquiers à une contribution pour les dépenses de la guerre d'Outre-Mer.

Il y eut une alarme au sujet de l'intention qu'avaient les troupes épiscopales de traverser l'Isère à Châteauneuf pour aller incendier le bourg de Clérieu. Réveillés à minuit, les Romanais offrirent au point du jour trente hommes d'armes et quatre mille hommes de pied prêts

---

(1) L'illustre famille de Claveyson possédait au midi et au levant du couvent des Cordeliers une habitation qui fut agrandie et embellie à plusieurs reprises. Elle passa par alliance aux d'Hostun et aux Lionne, et prit le nom d'*Hôtel des Allées* d'une promenade plantée de marronniers que l'on voit encore. Les propriétaires successifs de cette résidence : l'abbé de Lesseins, MM. de Lasserre, Duvivier, de Montélégier y ont reçu de grands personnages, tels que gouverneurs et intendants de la province, en 1701 les ducs de Bourgogne et de Berri, en 1814 le prince Hesse Hombourg et le comte d'Artois, depuis Charles X, en 1815 le duc d'Angoulême, etc.

Cette habitation a été acquise en 1834 par la communauté de Sainte-Claire, qui en 1848 céda à la ville l'Allée des marronniers et le Vivier pour agrandir la promenade des Cordeliers.

à marcher. « Néanmoins, ajoute Chorier, les plus riches et le plus grand nombre des habitants ne s'étaient pas émus. »(1)

Le gouverneur reçut, le 11 décembre 1345, l'archevêque de Mételine envoyé du Dauphin. Il lui fit délivrer 18 florins d'or pour son voyage de Venise à Romans et 150 autres florins pour ses dépenses en Cour de Rome.

Le régent réunit à Romans, le 10 décembre 1346, les prélats, les barons et autres grands personnages pour les consulter sur la réponse à faire à Charles de Bohême (2) qui demandait à être reconnu en qualité d'empereur d'Allemagne.

Isarde des Baux, fille de Bertrand des Baux, frère de la Dauphine, ayant pendant la nuit du 10 juin 1346 assassiné elle-même son mari, Ponce de Malvoisin, seigneur de Penne, Henri de Villars n'hésita pas à la faire arrêter. Elle fut, par son ordre, enfermée dans le château de Vals, où le juge du Viennois se transporta pour lui faire son

---

(1) Ce dernier nombre parait très exagéré, quand on se reporte à une époque où la ville était renfermée dans le périmètre de la première enceinte qui ne pouvait contenir plus de 4 à 5,000 âmes. Quant aux trente hommes d'armes, le fait est possible, car on voit vers ce temps-là un drapier de la ville léguer par son testament son cheval de bataille et ses harnais de guerre. Il devait y avoir d'autres habitants dans la même position.

(2) Charles IV, fils de Jean, roi de Bohême, duc de Luxembourg, marquis de Moravie, élu roi des Romains dans la diète de Rentz, le 15 juillet 1346. Les électeurs qui n'avaient point approuvé ce choix lui opposèrent successivement quatre compétiteurs ; néanmoins il fut sacré en 1349 à Aix-la-Chapelle. Au mois de juin 1366, il traversa Romans où il fit une entrée splendide, qui coûta à la ville la somme de 476 florins. Cette belle réception était une marque de reconnaissance pour la bulle du 25 janvier précédent par laquelle cet empereur avait affranchi les Romanais de toute espèce de tribut dans tout l'empire. Charles IV fit un voyage à Paris et mourut à son retour le 29 novembre 1378.

procès. Après avoir été mise à la question, elle fut condamnée au feu. L'exécution se fit à Romans, le 6 février 1347, près des Ormes, sur le chemin de St-Paul, (1) en présence d'une multitude innombrable : exécution qui fit exalter « l'impartialité et l'honneur de la justice du Dauphin. »

La correspondance entre Henri de Villars et le Dauphin avait été confiée à un homme dévoué : à Humbert Colonel (2) qui, à son retour, reçut une indemnité de 100 florins d'or. Il avait déjà été gratifié par Humbert II, le jour de son entrée à Romans, d'une pareille somme de 100 florins assignée sur les grandes Gabelles. (3)

---

(1) C'était, non la route actuelle, mais le chemin qui longe le clos de St-Ruf.

(2) Le Dauphin, dont il était un des chauds partisans, le fit son camérier et châtelain de Pisançon. Il fut anobli avec le titre de seigneur de Carrière. Il présenta dix hommes d'armes de St-Nazaire à la revue passée à Romans le 15 juillet 1365. Sa maison d'habitation était sur le bord de l'Isère, au quartier de la Prêle. Elle a été successivement occupée par le collège, la famille Gumin d'Hautefort, l'hôpital général et de nos jours par une caserne.

(3) L'empereur Frédéric Ier donna à Guillaume de Montferrat la faculté d'établir un péage à Albon, ce qui fut confirmé par Frédéric II en 1238 en faveur de Béatrix de Montferrat, sa parente, mère du Dauphin, qui la laissa à la famille de son fils. De là il fut transporté à Romans où il prit le nom de *Grandes Gabelles.*

Les Grandes Gabelles de Romans étaient un droit de péage, de transit *sur toutes les marchandises et denrées entrant dans les limites du Dauphiné ou sortant de la dite province et passant tant par eau que par terre, à Romans et devant les autres bureaux.*

Humbert Colonel prit à bail en 1344 les Grandes Gabelles et le péage de tout le Viennois, sous le cens annuel de 4,000 florins. Ce prix étant trop élevé (il ne fut en 1370, que de 2,310 florins) et ayant mis le fermier en perte, le Dauphin Charles dédommagea Humbert Colonel en lui accordant, le 19 octobre 1351, la recette de tous ses droits dans la ville de Romans, pour en jouir sa vie durant, aux gages de 60 florins annuellement. Ces gabelles

Après avoir quitté Marseille, le 2 septembre 1345, le Dauphin s'arrêta dans une île voisine, où il fit une ordonnance par laquelle « il convia le prieur de Saint-Donat, Etienne de Proux et François de Revel, ses conseillers, assistés des notaires Jean Nicolas et Guigues Froment, pour rechercher l'état de ses dettes et celles de ses prédécesseurs et de veiller à ce qu'elles soient scrupuleusement acquittées. Il leur assigne, pour cet objet, dix mille florins qui lui sont dûs par les habitants de Romans, et qui seront payés en trois termes annuels. » (1) Ensuite « il fit commander dans toutes les Châtellenies que ceux qui prétendaient être ses créanciers ou avoir quelque droit contre lui eussent à faire leur déclaration, lesquelles seraient enregistrées et qu'ensuite le Conseil Delphinal en prononcerait le paiement. » (2)

Nous ne suivrons pas le Dauphin dans son expédition d'Outre-Mer, nous constaterons seulement sa présence à Venise où, au mois de septembre 1345, le Doge Dandolo le déclara par une bulle noble Vénitien.

Après avoir remporté quelques avantages sur les Turcs auprès de Smyrne, le chef de la Croisade revint à Rhodes, où était son quartier général. En prévision des événements de la guerre, il fit à la date du 19 janvier 1347, son testament dans lequel, après de minutieuses dispositions con-

---

furent affermées jusqu'au 27 septembre 1628, époque à laquelle la vente en fut passée moyennant le prix de 37,800 livres. La moitié appartenait à l'époque de la Révolution à l'hôpital de la Charité et rapportait 682 livres par an. Ces droits furent supprimés sans indemnité, comme entachés de féodalité.

(1) Le gouverneur du Dauphiné lui répondit le 4 juin 1347 : « Je n'ai rien » pu retirer de l'argent dû par ceux de Romans. »

(2) CHORIER. — *Hist. du Dauphiné*, t. II, p. 288.

cernant ses funérailles et de nombreux legs à des églises et à des couvents, et des aumônes aux pauvres des deux sexes, il donne une dot de 25 florins à vingt jeunes filles pour les marier. Il fonde des hôpitaux de 25 lits dans chacune des villes de Saint-Marcellin, d'Hauterives, de Nyons, de Gap, de Briançon et de Moyrenc ; des hospices de 20 lits à Grenoble pour des vieillards, à Romans pour des aveugles, à Vienne pour des infirmes, à Valbonne pour des lépreux. Il lègue à sa femme la moitié de la juridiction de Romans et le château qu'il y possède (*Castrum meum quod habeo in dicta villa*). Il fait des dons à ses intimes conseillers et en particulier laisse 5000 florins d'or à Jean-le-Bâtard, son neveu, (1) pour le château de Bellegarde qui reviendra à Amédée, son fils naturel, (2) outre au premier le château de Riotort et au second une rente de 200 florins d'or.

La Dauphine ne profita pas de ces affectueuses libéralités car elle mourut, comme il a été dit, dans cette même île de Rhodes.

---

(1) C'était un enfant illégitime que Guigues VIII avait eu d'une des filles de François de Bardonnesche. Il mérita par ses bonnes qualités l'affection de Humbert II qui le fit chevalier et lui donna la terre de Château-Villain. On sait que c'est pour se venger de cette tache faite à sa famille que Bardonnesche livra le château d'Exille au comte de Savoie et se mit en révolte ouverte. Fait prisonnier, il s'échappa du château de Pisançon où il était enfermé. Il recommença la guerre : sa tête fut mise à prix et enfin arrêté de nouveau, on lui fit son procès. Il fut condamné à mort et noyé dans le Rhône.

(2) Tige de la maison de Viennois. Il reçut de son père une dotation dans l'Oisans et épousa Coffière Alleman de laquelle il eut une fille religieuse à Montfleury. Le dernier marquis de Viennois décéda à Septème en 1816, ayant eu un fils, mort à l'âge de huit ans, et une fille, dernière de la maison, mariée en 1803, au marquis d'Albon, pair de France, à qui elle apporta la terre de Septème.

Pressé par ses conseillers de revenir dans ses Etats et relevé de son vœu par le pape, Humbert II se hâta de faire une trêve avec les Turcs. A son retour, après deux ans d'absence, il fut félicité par une bulle donnée à Avignon le 15 septembre 1347. Après avoir rendu compte de son voyage au pape, il partit pour Romans, où satisfait des services rendus par son chancelier (2) qui ne l'avait pas quitté, il le gratifia d'une somme de 2,000 florins d'or.

Blessé dans ses intérêts et dans sa dignité par la Charte de franchises et de libertés accordée aux Romanais par le Dauphin, le Chapitre de Saint-Barnard lui députa quatre chanoines : Aymar de Curson, Aymar Gay, Didier Artaud et Pons de Haut-Villars, qui se rendirent à Beauvoir en Royans où résidait Humbert II. Ils lui exposèrent en plaintes amères la perte de leurs priviléges et en termes exagérés les usurpations commises par les officiers de la Cour commune. Le Dauphin fit examiner par ses Conseillers les titres du Chapitre et, à la veille d'embrasser la vie religieuse, il crut devoir, par un remords de conscience, rendre aux Chanoines de Romans tous leurs anciens droits, d'autant plus qu'il était disposé à céder ses États au roi de France. En conséquence, par un acte rédigé le 12 avril 1348 par sept notaires, à la tête desquels était le fameux Humbert Marchand, qualifié dédaigneusement par les consuls de *titrier* et de faussaire, le Dauphin, d'ailleurs mécontent des Romanais, révoqua solennellement les

---

(2) Jacques Brunier, docteur ès-lois, membre du Conseil Delphinal en 1340, chancelier en 1342. Il fut envoyé à Paris au sujet des projets de mariage avec la fille du duc de Bourbon. Il mourut de la peste qui fut le prétexte du retard du mariage pour lequel il avait été employé.

libertés et franchises qu'il avait octroyées le 26 février 1342. (1).

Pendant son séjour à Avignon et durant son expédition contre les infidèles, le Dauphin avait beaucoup augmenté ses dettes par un faste presque royal. C'est alors que, veuf depuis peu de temps et ayant perdu son fils unique, (2) il songea à se remarier, comptant disent quelques historiens, payer ses créanciers avec la dot de sa future : calcul qui de sa part semble douteux. Quoiqu'il en soit, on lui proposa d'abord Blanche de Savoie, jeune princesse de 14 à 15 ans, qu'on disait douée des plus précieuses qualités. Un contrat fut même dressé et le frère de la fiancée, le comte de Savoie lui constitua une dot de 120,000 florins. Mais la question de la restitution du château de Miribel fit tout de

---

(1) A propos du droit de ban vin, les Consuls contestaient avec tenacité et quelque peu de mauvaise foi, les titres du Chapitre. Ainsi ils arguaient de faux les prétendues lettres confirmatives particulièrement par la raison que, à cette date, le Dauphin était en personne à la tête de l'armée qui assiégeait Miribel et non à Beauvoir où les dites lettres étaient censées avoir été signées. D'où des procès interminables et d'intarissables contestations qui n'avaient pas pris fin à l'époque de la suppression des droits féodaux.

(V. *Moyens de faux pour les sieurs Maire, consuls et Communauté de Romans contre.... les prétendues lettres confirmatives du 12 avril 1348*, in-8°, 1757. Grenoble, Giroud.

(2) Ce fils, nommé André, périt misérablement en tombant d'une fenêtre. Chose étonnante et incompréhensible, cet événement si douloureux pour une famille souveraine, si intéressant pour toute une population et qui devait avoir une conséquence politique considérable, n'est venu jusqu'à nous que par quelques renseignements aussi brefs que contradictoires. Né à Naples, le 5 septembre 1333, on ignore la date de la mort de cet enfant. En effet, sur le mausolée du prince André placé dans l'église des Jacobins de Grenoble, cette date est marquée le 21 juillet 1338. D'après Valbonnais, cet événement serait arrivé dans les premiers jours d'octobre 1335, parce que depuis ce terme, il n'est plus fait mention de ce prince. Bien plus, dans les articles de dépenses concernant les funérailles et le tombeau, il n'y a aucune indication

suite abandonner ce projet. Cette princesse fut mariée, en 1350, avec Galéas Visconti, seigneur de Milan.

Jeanne, fille aînée du duc de Bourbon, (1) fut aussitôt mise sur les rangs. Cette alliance fut agréée et avancée par Guy, comte de Forez, parent et ami des deux familles. Le contrat de mariage fut rédigé à Lyon le 24 juin 1348. Il devait être consommé le 1er août à Vienne. La dot était fixée à 100,000 florins d'or (environ un million) payée intégralement à la fête de la Purification, et le douaire devait être de 16,000 florins. Jeanne elle-même donna son consentement et déclara acquiescer aux volontés de son père par acte passé le 3 août à Belleperche. Le 11, il fut convenu avec les envoyés du duc de Bourbon de remettre le mariage : le Dauphin y consentit sauf à fixer la cérémonie à la fête de Notre-Dame, le 8 septembre. Dans cette intervalle, la peste s'étant déclarée et exerçant de grands ravages, (2) le

---

de date. On ne sait en outre si c'est à Beauvoir ou à Grenoble que la catastrophe a eu lieu, par la faute du père ou celle de la nourrice de l'enfant. Enfin l'historien cité plus haut, croit que le décès a été la suite d'une maladie, c'est-à-dire que le blessé a survécu quelques jours à sa chûte. La famille Suarez d'Aulan posséderait du prince André un buste sur le crâne duquel on remarquerait des traces de fracture. Dans un voyage que Humbert II fit à Paris en 1335, il fiança son fils, par contrat du 9 août 1335, avec Blanche d'Evreux qui fut mariée en 1340 avec Philippe de Valois, alors fort âgé.

(1) Pierre Ier, duc de Bourbon, comte de Clermont et de La Marche, grand chambrier de France, né en 1301, était fils de Louis Ier et petit fils de Robert de France, 4e fils de Saint-Louis, tige des princes de cette maison. Il combattit à Crécy et périt à la bataille de Poitiers le 19 septembre 1356. Il avait épousé en 1336 Isabelle, sœur de Philippe de Valois, dont il eut sept enfants.

(2) Elle survint à la suite d'une horrible famine et fit de nombreuses victimes dans le midi de la France. Elle causa la mort à Romans de Jacques Brunier, chancelier du Dauphin, et à Avignon, le 6 avril 1348, celle de la célèbre Laure de Noves dont les chants de Pétrarque ont immortalisé le nom.

duc de Bourbon fit valoir ce prétexte légitime pour différer le départ de sa fille jusqu'à la Toussaint. Après cette époque, des messagers vinrent demander au nom de ce prince, un nouveau délai. Le Dauphin, croyant voir qu'on manquait de franchise avec lui, déclara qu'il retirerait sa parole si la princesse n'était pas arrivée le 30 novembre. Au jour indiqué le duc ni sa fille n'ayant pas paru, (1) le Dauphin fit voir son mécontentement aux mandataires du duc de Bourbon et leur signifia qu'il renonçait à son projet de mariage. Le duc lui-même vint à Romans, le 19 janvier 1349, pour renouer le mariage. On fit de nouvelles conventions : la dot devait être comptée à Vienne huit jours après la Chandeleur et la princesse devait s'y rendre dans ce temps-là. Mais Humbert fit savoir au duc qu'il ne songeait plus à se marier et qu'il le dégageait de l'obligation où il était envers lui. (2)

Humbert II assistant aux offices de la Toussaint dans l'église de St-Barnard, monta en chaire, pour reprocher aux hommes de porter des habits trop courts et aux

---

(1) La princesse Jeanne épousa, le 8 avril 1350, à Tain, son cousin Charles, nouveau Dauphin. Elle fut reine de France et mère de Charles VI et de Louis, duc d'Orléans.

(2) Il est évident que dans le cours de ces négociations matrimoniales, Humbert II a été trompé. Mais, il faut le reconnaître, la position du duc de Bourbon, était fort délicate. Il lui était difficile de refuser sa fille, quoique à peu près promise au petit-fils du roi, à un prince qui était disposé à faire cadeau à la France d'une province de l'importance du Dauphiné, et qu'un refus trop net pouvait porter à rechercher une autre alliance et par suite à conserver ses états. Le plus prudent parut donc de chercher à gagner du temps et à lasser la patience du prétendant. Mais Humbert, comme on l'a vu, devina ce manège et, blessé dans sa dignité, retira sa parole et renonça à se remarier.

femmes de se couvrir la tête avec des capuces, ce qui était contre l'usage. Il défendit de s'habiller ainsi, à peine de cent sols. (50 fr.)

Pour expliquer, sinon pour excuser, cette étrange démonstration, un pareil oubli des convenances et de sa dignité, il faut se rappeler d'abord que le Dauphin était chanoine de l'église et qu'ensuite il était singulièrement contrarié au sujet de ses projets de mariage, et avait, comme on dit, besoin de décharger sa mauvaise humeur sur quelqu'un.

Après la perte cruelle de son fils, le Dauphin, peu disposé à contracter une nouvelle alliance, avait songé à préparer après lui la transmission paisible de ses états, n'ayant aucun parent un peu proche. (1) Il ne put s'entendre avec le roi de Sicile à qui il s'adressa d'abord. Mais Naples était bien éloigné et il fallait une puissance plus forte pour tenir en respect le comte de Savoie, ennemi héréditaire du Dauphiné. D'ailleurs pressé par ses créanciers, conseillé par le pape et ses principaux confidents, il se décida par un premier traité passé au bois de Vincennes, le 23 avril 1343, à résigner, en cas de mort sans enfant, ses

---

(1) Ce n'est pas, fait observer Chorier (t. II, p. 293), que la maison de la Tour-du-Pin dut finir avec lui : la branche qui avait eu la terre de Vinay pour son apanage était florissante et ne finit qu'environ soixante ans après. D'ailleurs les enfants de Béatrix de Viennois, fille de Guy dauphin, baron de Montauban, son oncle; ceux d'Alix, comtesse de Forez, de Marguerite, de Béatrix et de Catherine, ses tantes, avaient droit de lui succéder s'il mourait sans enfants. Mais pour dédommager les héritiers de son sang, ajoute Valbonnais, il accorda à Béatrix de Viennois la jouissance pendant sa vie de plusieurs terres dans le Faucigny et affecta sur ces mêmes terres un revenu de 700 florins dont elle pourrait disposer. Jean de Châlon, outre le don qu'il avait reçu des terres d'Orpierre et de Trescléoux, fut gratifié d'une rente féodale de 1,000 livres viennoises pour lui et pour ses descendants.

Etats à Philippe, deuxième fils du roi de France : ce qui fut juré solennellement entre les mains du Pape et devant les ambassadeurs du roi. Par un traité, en date du 11 avril 1344, Charles fils aîné du duc de Normandie et d'Aquitaine, fut substitué à Philippe, duc d'Orléans, son oncle, et le Dauphiné rendu héréditaire dans la branche aînée de France.

Les principales conditions de ce contrat furent que celui des fils de France, en la personne de qui cette donation aurait effet, s'appellerait *Dauphin de Viennois* et que ses successeurs porteraient ce titre et les armes du Dauphiné écartelées de celles de France et que « *ne puisse estre uni ni ajouté ledit Dauphiné au royaulme de France fors tant seulement comme l'empire y seroit uni.* »

Après ces résolutions bien arrêtées et celle d'embrasser la vie religieuse (1) Humbert, le 14 février 1349, se rendit à Tain, pour y conférer avec les députés du roi de France qui se trouvaient déjà à Tournon et, le 20 mars, il renouvela toutes ses déclarations. Le 31, le roi Philippe de Valois vint à Romans. Le Dauphin se réserva les châteaux et les terres dénommés dans l'acte de cession au nombre de dix-sept, entre autres la seigneurie de Beauvoir-en-Royans en toute propriété. Il fit don au roi de tout ce qu'il possédait à Sainte-Colombe, en face de Vienne, et renonça à la succession de sa tante, Clémence de Hongrie. (2)

---

(1) Comme le remarque M. Giraud, les conseils et les exhortations de Jean Birel, général des Chartreux, eurent une grande influence sur sa détermination. Au reste la profession religieuse pouvait seule lui assurer une position convenable après son abdication.

(2) Elle était sœur de Béatrix de Hongrie, mère de Humbert II. Mariée à Louis X le Hutin, roi de France, elle mit au monde, après la mort de son mari, un fils qui mourut peu après son baptême où il avait reçu le prénom

Le roi de son côté, promit « six vingt mille florins d'or de Florence » pour acquitter les dettes du Dauphin, 10,000 livres de rente en propriétés dans le Dauphiné, plus les 2,000 livres qu'il tirait chaque année du trésor royal (1) et la *maison des Piliers* à Paris. (2) Enfin Philippe de Valois fit une déclaration que, pour se conformer aux volontés de son père, il avait cédé à son neveu tous les droits qu'il pouvait avoir sur le Dauphiné par le transport que le Dauphin Humbert lui en avait fait.

---

de Jean. Clémence quitta la Cour et se fit religieuse à Aix en Provence, en 1318, dans un couvent de Dominicaines. Enfin, elle testa, au Temple à Paris, le 5 octobre 1328, donnant un legs à sa sœur Béatrix et faisant héritier son neveu Humbert Dauphin. Elle fut inhumée dans le chœur de l'église des Jacobins de Paris.

Sur la déclaration *in-extremis* et par le testament authentique de l'ancienne nourrice du petit prince Jean, Marie de Carix, l'enfant décédé aurait été le sien propre et le survivant serait le fils du roi. Sur cette déclaration admise comme véridique par la municipalité de Sienne, ville où résidait le prétendu roi légitime de France, par Rienzi, tribun de Rome, par Louis, roi de Hongrie, et par des juifs qui fournirent un subside de 50,000 florins, Jean Gouges (c'était le nom du prétendant) se rendit d'abord à Rome, puis à Avignon où, à la tête de quelques mercenaires, il revendiqua les armes à la main ses droits à la couronne de France. Ayant été vaincu et fait prisonnier, la reine Jeanne, au pouvoir de qui il était tombé, l'envoya à Naples où il mourut en 1362, dans le donjon du château de l'Œuf. (V. E. TAVERNIER, *le roi Gianino*. Mém. de l'Ac. d'Aix. t. XII, p. 212, 1882.)

(1) Philippe-le-Bel avait fait don à Humbert Ier et à Jean son fils, en 1204, d'une rente de 500 livres tournois, à prendre sur le temple à Paris. Louis X le Hutin accorda depuis au Dauphin, en augmentation de fief, une pension de 2,000 livres.

(2) La *maison des Piliers*, place de Grève, avait été donnée en 1328 par Philippe de Valois au Dauphin Guigues peu de temps après la bataille de Cassel où il s'était trouvé. Elle prit alors le nom d'*Hostel au Dauphin* et devint l'hôtel de ville après avoir été vendue le 7 juillet 1357, au prix de 2,880 livres, à Estienne Marcel, prévôt des marchands de Paris.

Mais avant d'abdiquer définitivement Humbert confirma les usages du pays et les libertés dont y jouissaient ses habitants dans le statut delphinal qui contient 51 articles et fut signé à Romans le 14 mars 1349. (1) Le nouveau Dauphin Charles jura, le 16 juillet suivant, entre les mains de l'évêque de Grenoble de conserver ces libertés et franchises; serment qu'il renouvela le 1er février 1350 à la réquisition des barons du Dauphiné.

Afin d'empêcher la conclusion d'un traité qu'ils regardaient comme attentatoire à leurs libertés et indépendance, plusieurs gentilshommes formèrent le hardi projet d'enlever Pierre de Laforest, chancelier du duc de Normandie, (2) que le Dauphin constituait héritier de ses états. Rabutel et Artaud de Chabrillan, Raymond d'Eurre et quelques autres seigneurs du voisinage s'emparèrent de force du chancelier qui se promenait seul dans la campagne de Pisançon. Ils le conduisirent dans un château du Valentinois, d'où il fut bientôt délivré. Les ravisseurs se réfugièrent dans le château de Livron où ils furent arrêtés par autorité de justice, mais presque aussitôt relaxés.

Enfin, le 30 mars 1349, toutes les conditions du transport du Dauphiné à la France étant réglées, l'acte fut signé solennellement dans l'église de Saint-Barnard, en présence d'une nombreuse assemblée et des personnages délégués à cet effet par le roi de France. Comme dernière formalité, le 16 juillet suivant, Humbert confirma son abdication dans le couvent des Frères Jacobins de Lyon,

---

(1) Cette simple confirmation ou ratification de la jouissance d'anciennes libertés en Dauphiné justifie cette remarque du célèbre de Maistre : « En France, c'est la liberté qui est ancienne et le despotisme qui est nouveau. »

(2) Plus tard chancelier de France, cardinal et archevêque de Rouen.

où il avait pris son logement, par la tradition au prince Charles du sceptre, de l'anneau, de l'épée dont la poignée était du bois de la vraie Croix et de l'étendard de Saint-Georges du Dauphiné. Toutefois l'épée et l'étendard ne furent remis que le 15 novembre 1355 aux délégués du nouveau Dauphin à Cercelles, près St-Denis. (1) On envoya des lettres dans tous les bailliages pour informer les peuples du changement arrivé dans le gouvernement et que le prince Charles était désormais leur seul prince légitime.

Le lendemain, c'est-à-dire le 17 juillet, Humbert prit dans le même couvent l'habit religieux. Ce qui permet à Chorier de placer la réflexion suivante : « S'anéantir dans Dieu et pour lui, c'est élever la bassesse au-dessus des grandeurs et donner au néant un être immortel. » (2)

Il se retira ensuite à son château de Beauvoir pour achever l'année de son noviciat. (3)

De Beauvoir, Frère Humbert se rendit à Avignon où, le jour de Noël 1351, il reçut tous les ordres sacrés des

---

(1) Le roi de France, en souvenir de l'ancien Dauphin, fit frapper une médaille sur laquelle on voit d'un côté une tour surmontée d'une fleur de lis et de l'autre une croix de France.

(2) *Hist. du Dauphiné*, t. II, p. 337.

(3) Suivant le même historien, il se repentit d'avoir si facilement changé de position. Il quitta même, dit-il, sa robe de religieux et voulut rentrer dans le monde. Mais le général des Chartreux, Birel, son directeur spirituel, ne l'abandonna pas dans ce danger, dans ce moment de défaillance. Il soutint sa vertu chancelante et releva sa résolution abattue par une longue homélie que l'historien du Dauphiné reproduit textuellement, comme s'il avait été présent à cette scène intime. (*Ibid.*, t. II, p. 341) Enfin, M. Dochier (*Mémoires sur la ville de Romans*, p. 881) cite cet épisode, ce retour mélancolique de l'ancien Dauphin vers les grandeurs de la terre, et termine par cette citation classique :

Et dulces moriens reminiscitur Argos !

mains du pape Clément VI, dans l'intervalle des trois messes qui se disent en cette solennité. Il prit le sous-diaconat à celle de minuit, le diaconat et la prêtrise aux deux autres, ensuite il la célébra immédiatement lui-même. Huit jours après, il fut sacré patriarche d'Alexandrie, et la même année, nommé administrateur perpétuel de l'église de Reims, sans sortir de l'ordre des Frères Prêcheurs.

Le 25 janvier 1354, le roi de France, « qui n'avait rien à lui refuser, » le nomma, sur son désir, évêque de Paris.

Après avoir résigné l'administration de l'église de Reims, sous le prétexte que sa mauvaise santé ne lui permettait pas de supporter un si lourd fardeau, Frère Humbert partit pour aller à Avignon presser l'expédition de ses bulles, mais la maladie l'obligea de s'arrêter à Clermont en Auvergne, où il mourut à l'âge de 42 ans, le 22 mars 1355. Par son testament fait la veille dans le couvent des Frères Prêcheurs, il laissa, entre autres legs, une somme de 10,000 florins d'or pour la fondation à Romans d'un couvent de Frères Servites, où des prières devaient être consacrées chaque jour pour le repos de son âme et celles de ses prédécesseurs. Comme beaucoup d'autres, ce legs n'eut aucune suite.

Après avoir voulu être enterré dans l'église des Jacobins de Grenoble, puis dans celle de l'abbaye de Montfleury, il choisit pour sa sépulture, dans son dernier testament, l'église des Frères Prêcheurs de Paris, auprès de sa tante la reine Clémence. On mit sur son tombeau une plaque de cuivre où il était représenté revêtu de l'habit dominicain, avec la croix patriarcale, la mitre et le pallium. Valbonnais donne à la fin du premier volume de son *Histoire du Dauphiné*, le dessin de cette plaque sur laquelle on lisait l'épitaphe suivante : *Hic jacet pater et dominus amplissimus dominus Himbertus, primo Vienne Delphinus, deinde, relicto principatu, Frater ordinis predicatorum in hoc conventu parisiensi, ac demum patriarcha Alexandrinus et perpetuus administrator Remensis et precipuus benefactor hujus conventus : obiit autem M. CCCLV, die XXII may. Orate pro eo. Pater noster. Ave.*

Dr Ulysse CHEVALLIER.

www.ingramcontent.com/pod-product-compliance
Lightning Source LLC
Chambersburg PA
CBHW060938050426
42453CB00009B/1074